CONNECTE A SA DESTINEE

Eric Impion

Publié par God Savior Publishing, Cleveland, Ohio 76022, USA, Avec le support technique d'Alch Management LLC, Dallas, USA

God Savior Publishing est le service Média et Publication de God Savior Ministries International, Cleveland, Ohio, USA

Sauf indication contraire, les citations bibliques sont extraites de la version Louis Segond 1910

www.EricImpion.com –
Email : eimpion@gmail.com

Deuxième Édition : Mai 2019

ISBN-13 : 9782900136065
EAN : 9782900136065

TABLE DES MATIÈRES

À mon Dieu qui m'a jugé digne du Salut par son fils Jésus-Christ mon Seigneur et m'appelé à le servir afin de connecter des hommes à leur destinée.
Je dis merci.

PREAMBULE

Ce livre illustre une grande partie de mon propre parcours avec Dieu, des questions que je me suis posées dans le passé, notamment, des questions liées à mon devenir, mon avenir selon les plans tracés de Dieu pour ma vie.

J'y aborde la question de la destinée mentionnée plus d'une vingtaine de fois dans la Bible, de manière explicite ou encore sous formes de termes à peine voilés : promesse, dessein, projet, avenir, etc.

Simple et évidente pour certains, cette question s'avère complexe pour d'autres voire même dérisoire étant donné que selon la conception de ces derniers, l'homme est le seul artisan de son avenir de par son intelligence.

Sur ce dernier point de vue, je me demande pourquoi vers le 16è siècle, le poète français, Jean de La fontaine écrivait : « On rencontre sa destinée souvent par des chemins qu'on prend pour l'éviter ». Cela étant, il s'agit simplement dans cette approche, de savoir comment arriver à trouver sa route avec Dieu afin qu'il en assume la direction parfaite en toute assurance.

Dans cette perspective, je partage alors à la lumière de la Parole de Dieu, un certain nombre de faits et de principes pratiques et contemporains, qui permettront à tout lecteur quels que soient sa race, son niveau d'études ou social de mieux comprendre les voies de Dieu pour sa vie.

Il est vrai que bien des écrits et des prêches publiés par des confrères existent sur ce sujet combien préoccupant néanmoins, m'y appesantir à mon tour revient à apporter autant que faire se peut, une énième pierre à l'édifice de la foi chrétienne durement mise à l'épreuve.

En effet, l'intérêt de cet ouvrage est davantage étayé par mon expérience de l'exercice ministériel au quotidien car, à titre illustratif, j'entends souvent les gens dire : « je suis un fils ou une fille de la promesse ». Ils renchérissent par une déclaration : « je ne mourrai pas sans avoir vécu la manifestation de la puissance de Dieu dans ma vie, accomplissant ses promesses ».

Malheureusement, fort est de constater que beaucoup meurent sans avoir vus l'accomplissement de ces promesses, parce qu'ils oublient notamment que recevoir la promesse de Dieu est une chose, savoir s'en approprier et la vivre en est une autre.

Sinon, il ne suffit pas seulement de recevoir la promesse de Dieu ou une parole prophétique sur ta vie, faudrait-il encore creuser pour savoir ce qui convient de faire pour que ses promesses viennent à se réaliser en sorte que le succès prétendu avec Dieu prenne chair.

Dans ce processus pour l'accomplissement de la promesse de Dieu dans la vie de l'homme, il est plus qu'important de savoir que Dieu est partenaire avec nous, il a sa part de responsabilité et nous avons la nôtre.

Ainsi donc, ce livre permet de manière pratique à relever l'essentiel des voies et moyens liés à la part de responsabilité de l'homme et comment les réaliser afin de ne pas passer à côté de sa visitation.

« Qui a cru à ce qui nous était annoncé ? Qui a reconnu le bras de l'Éternel? » Esaïe 53 : 1

Eric Impion

L'auteur

Chapitre 1

QUI SUIS-JE ?

Depuis le jour où j'ai commencé à prendre conscience de mon existence sur la terre, une question est alors montée dans mon cœur : qui suis-je ? Cette question loin d'être une question simple, m'a ensuite conduit à me poser d'autres questions comme celle : qu'est-ce que je fais sur terre ? Pourquoi j'existe ?

Je me suis rendu compte avec le temps, mais particulièrement après avoir donné ma vie au Seigneur que tout mon parcours depuis ma conception n'était pas le fruit du hasard. Plus j'avançais avec le Seigneur, plus je découvrais que même les mauvais événements que j'avais vécus dans le passé avec un but.

Ainsi, j'ai compris alors que Dieu existe. Par-dessus tout il a le contrôle de tout. Il créa tout afin de jouer un rôle bien précis dans ces plans. Tout ce qui existe l'est pour un but précis, lequel existant avant que la chose ne vienne à se matérialiser. Rien n'est sans utilité ni sans raison, tout est fait pour une mission précise.

De cette démarche à connaître le sens réel de ma vie sur terre, j'ai alors découvert ce terme qui m'était nouveau : la destinée. La destinée est ainsi le but et la mission que Dieu a assignés à la vie de tout homme, avant même que ce dernier ne naisse physiquement sur la terre. Cet ainsi que Dieu avant de déclarer : « *Faisons l'homme à notre image, selon notre ressemblance* » dans *Genèse 1 : 26*, il avait déjà établi le but que l'homme poursuivrait sur terre après sa création : celui de dominer sur tout. Le manque d'un but précis dénature l'essence de l'existence.

« L'Éternel a tout fait pour un but ... »
Proverbes 16 : 4

LA DESTINÉE PROPHÉTIQUE

La destinée prophétique s'inscrit dans le cadre du processus déterminé et défini d'avance par le Créateur en introduisant chacun de nous ici-bas.

C'est la raison pour laquelle je voudrais sommairement spécifier certains éléments faisant partie de ce grand programme divin de répartition des capacités nous donnant d'être accomplis. À ce sujet, il est bon de savoir ceci.

Chacun de nous poursuit un but et a une destinée unique

Je prendrai ici pour exemple Jésus-Christ, Jean Baptiste, Moïse, Jérémie, Samson pour illustre cette affirmation. Jésus-Christ de Nazareth, le fils de Dieu est venu dans le monde dans le but de sauver l'humanité de la mort et du péché en lui accordant le salut par la foi (*Jean 3 :16*).

Jean-Baptiste par contre était né afin de préparer la venue du Seigneur, se décrivant lui-même comme la voix de celui qui crie dans le désert (*Jean 1 : 23*). Que dire de Moïse dont le nom signifie « tiré des eaux » *(Exode 2 : 2-3)*, qui naquit avec la mission de délivrer le peuple juif de l'esclavage en Égypte.

Jérémie pour qui la vision fut le ministère prophétique *(Jérémie 1 : 5)*, Samson qui avait pour mission de libérer Israël face aux philistins *(Juges 13 : 5)*. Autant ces hommes avaient une mission précise sur la terre, autant chacun de nous aujourd'hui encore est né pour un but bien précis ; établi selon les plans tracés par Dieu.

« Car je connais les projets que j'ai formés sur vous, dit l'Éternel. » Jérémie 29 : 11

A chacun selon sa capacité

Chacun de nous possède un talent pour impacter les autres. Par talent, j'entends un don inné, une capacité naturelle, une aptitude formidable qui n'a pas forcément besoin d'études pour agir.

Les talents reçus ont pour objectif d'influencer positivement la famille, l'église, la société, la nation et le monde. L'impact qui en résulte n'est nullement de l'ordre de la destruction, mais de l'édification, la consolidation et de l'orientation des objectifs des uns et des autres.

Les talents que nous recevons de Dieu constituent des signes et des éléments essentiels pouvant servir ou aider à la reconnaissance de notre destinée.

Ils sont en fonction de notre destinée, car c'est notre provision. Chacun les a reçus indépendamment de sa volonté, mais il lui revient selon sa capacité de les gérer et de les valoriser. Ainsi, point n'est donc besoin de jalouser ou de rivaliser qui que ce soit.

« Il en sera comme d'un homme qui, … donna cinq talents à l'un, deux à l'autre, et un au troisième, <u>à chacun selon sa capacité</u>, et il partit. Aussitôt… » Matthieu 25 : 14-15

RECONNAÎTRE SA DESTINÉE

« Dieu parle tantôt d'une manière tantôt d'une autre… » (Job 33 :14).

Ceci étant, l'individualité de la destinée rend particulière sa reconnaissance. Notre sensibilité à ce stade devra être perçante pour ne pas passer à côté de ce que Dieu a décidé d'accomplir depuis l'éternité en nous, par nous, mais pour Lui.

Ainsi donc, considérant ce fait, je paraphraserais le passage de Job cité ci-haut en disant qu'il se révèle à chacun de nous différemment.

Joseph, fils de Jacob reçut la révélation de ce qu'il allait devenir par les rêves et les songes (*Genèse 37 : 1-10*).

La destinée de Samuel fut scellée par Anne sa mère, qui promit à l'Éternel de lui dédier l'enfant qu'il lui donnerait afin qu'il soit à son service (*1 Samuel 1 :11*).

Saül rencontra sa destinée sur le chemin, alors qu'il était à la recherche des ânesses de son père (*1 Samuel 9 : 17*).

Beaucoup d'autres la connurent de différentes manières.

La naissance de Jésus-Christ et celle de Jean Baptiste, ainsi que leurs missions furent révélées par l'apparition d'un ange du Seigneur à leurs parents (Luc 1 : 28-33 ; 13-17). Pour d'autres encore c'est fut par une parole prophétique ou par la conviction intérieure du Saint-Esprit.

Le parcours de Salomon nous révèle qu'il devint roi par succession et influence de son père David, lequel n'avait pas un ancêtre roi. Il choisit son fils pour prendre la direction d'Israël après lui. Il amassa des biens afin de lui permettre de ne manquer de rien. Plusieurs devinrent juristes, médecins, économistes, et j'en passe, suite à l'influence des parents qui tenaient absolument à avoir une succession digne.

Les moyens que Dieu utilise et utilisera pour permettre à ses enfants de reconnaître leurs voies ne sont pas exhaustivement citées ici. Il appartient donc à chacun d'être éveillé et sensible à la voix du Seigneur pour parvenir à cette découverte majeure.

En ce qui me concerne, un jour à la sortie de mon auditoire, il y a plus de quinze ans à l'époque, étudiant en Médecine, le Seigneur de manière audible m'avait parlé en disant « Tu guériras plus de gens en prêchant ma parole qu'en étant médecin dans un hôpital ».

Il est donc vrai que tous nous ne recevrons pas une prophétie ; tous ne verront pas d'anges ; tous n'auront pas de révélations ; mais tous seront conduits par Dieu pour arriver à destination avec lui.

« Quand il n'y a pas de révélation, le peuple est sans frein ; Heureux s'il observe la loi ! » Proverbes 29 : 18

Si vous ne recevez pas de révélation, de prophétie sur ce que Dieu dit vous concernant, de ce à quoi il vous a destiné, alors faites ce qui est dans la loi, faites ce qui est correct, marcher dans le sens de ce qui est noble. Appliquez-vous à faire quelque chose allant dans le sens des études, d'une formation ou d'un travail, car *« tout travail procure l'abondance »* Proverbes 14 :23

N'attendez pas de révélation avant d'avancer, car le travail donne un sens à la vie. Sachez que dans votre parcours le Seigneur vous guidera, parce que par moment il nous conduit sans nous dire où il nous amène (Genèse 12 :1).

CERCLE D'INFLUENCE

« Autre est l'éclat du soleil, autre l'éclat de la lune, et autre l'éclat des étoiles ; même une étoile

différe en éclat d'une autre étoile. » 1 Corinthiens 15 : 41

Toutes les étoiles n'ont pas le même éclat et ne rayonnent pas toutes de la même manière. Certaines ont de manière naturelle un éclat plus fort que les autres, d'autres un éclat qui dure plus longtemps ou moins. L'influence et l'impact que chacun de nous aura, seront différents selon la part qu'il aura reçu de Dieu. Pierre fut un apôtre pour les Juifs, Paul le fut pour les gentils.

Du point de vue géographique, chacun de nous a reçu de Dieu des capacités d'influences dans un certain rayon local, national, continental ou international. Le plan social n'en est pas en reste car les capacités dont chacun disposera s'étendront dans une tribu, une race, des peuples et des nations, ce qui permettra de briller et de rayonner dans un domaine particulier faisant de lui une référence en la matière.

Voilà pourquoi certains auront une influence et un impact dépassant leurs nations, mais d'autres malgré leurs différents efforts enrobés de bonne volonté, n'iront pas au-delà de leur cercle national. Ils seront un peu déçus, alors que ce qu'ils espéraient n'était pas inscrit dans le plan de Dieu.

Chapitre 2

EXCUSES FACE À SA DESTINÉE

L'appel dans la vie d'une personne est consécutif à la volonté divine relative à son plan pour celle ou celui qu'il appelle, sans tenir compte de sa race, de son rang social, de ses origines familiales ou tribales ni de sa position familiale non plus, moins encore de son niveau d'études.

« De la poussière il retire le pauvre, du fumier il relève l'indigent, pour les faire asseoir avec les grands, avec les grands de son peuple » Psaumes 113 : 7-8,

Car dit l'Éternel : « je ferai miséricorde à qui je fais miséricorde, …compassion de qui j'ai compassion. Ainsi donc, cela ne dépend ni de celui qui veut, ni de celui qui court, mais de Dieu qui fait miséricorde. » Romains 9 : 16

Les critères liés au choix divin sur la destinée de l'homme qu'il appelle sont différents de ceux prônés par le monde. Ainsi, bien des fois il y a contradiction entre la situation ou la vie de l'appelé lorsqu'il reçoit l'appel à sa destinée, et la destinée même à laquelle Dieu l'appelle ; contradiction entre la réalité de sa vie présente et la vérité de Dieu sur sa vie.

Cette contradiction peut être tellement grande que même l'appelé peut chercher à trouver une ou plusieurs excuses pour échapper à sa destinée. Abraham le patriarche fut troublé lorsqu'il reçut la promesse de devenir père d'une multitude à travers le fils qui naitrait de lui, car pouvait-il dire :

« ...Naitra-t-il un fils à un homme de cent ans ? Et Sara, âgée de quatre-vingt-dix ans, enfanterait-elle ? » Genèse 17 : 17.

Pour lui, l'excuse fut son âge avancé et celui de sa femme, leur état physique ; contradictoires et opposés à ce que l'ange de l'Éternel leur annonçait. Lui et sa femme Sara rirent car aucune de ces choses n'était humainement possible.

Au sujet de Moïse, la Bible nous rapporte un passage important concernant l'histoire de cet homme lorsqu'il rencontra l'Éternel dans le buisson ardent, et qu'il l'appela à descendre en Égypte pour mener l'expédition devant conduire à la délivrance du peuple d'Israël.

Ce dernier invoqua une excuse pour éviter sa destinée de libérateur : son langage difficile, son manque d'éloquence, sa langue pesante ou la lourdeur dans l'expression verbale de ses idées. Ce qui en fait n'était pas du tout faux. Moïse ne fut pas un bon parleur certes, mais cela ne constituait pas un frein à la réalisation du plan de Dieu.

« Moise dit à l'Eternel : Ah ! Seigneur, je ne suis pas un homme qui ait la parole facile, et ce n'est ni d'hier ni d'avant-hier, ni même depuis que tu parles à ton serviteur ; car j'ai la bouche et la langue embarrassées » Exode 4 :10

Jérémie, le prophète, qui fit aussi allusion au fait qu'il ne savait pas parler, fait lier à son jeune âge. *« Je répondis : ah ! Seigneur*

Éternel ! Voici, je ne sais pas parler, car je suis un enfant » Jérémie 1 : 6

Gédéon avait des excuses d'être un jeune sans force et sans aucune expérience, avec une situation de précarité familiale alarmante. Il déclara dans *Juges 6 :15 « Gédéon dit à Éternel : Ah ! Mon seigneur, avec quoi délivrerai-je Israël Voici, ma famille est la plus pauvre en Manassé, et je suis le plus petit dans la maison de son père ».*

Pierre trouve une excuse pour ne pas aller dans la maison de Corneille, car ce dernier était un païen. Pour un bon Juif comme lui, tous les autres peuples étaient impurs donc indignes de recevoir la visitation divine, même lorsque Dieu lui avait fait part de sa décision de visiter Corneille.

Son intelligence non renouvelée a voulu résister à la révélation de Dieu, à vouloir introduire une nouvelle dimension dans le travail que les apôtres devaient accomplir.

« Et une voix lui dit : lève-toi, Pierre, tue et mange. Mais Pierre dit : Non, Seigneur, car je

n'ai jamais rien mangé de souillé ni d'impur. Et pour la seconde fois la voix se fit encore entendre à lui : ce que Dieu a déclaré pur, ne le regarde pas comme souillé » Actes 10 : 13-15.

Le jeune homme riche qui était venu voir Jésus-Christ lui posant la question relative à ce qu'un homme devait faire pour hériter le royaume des cieux fut incapable le Seigneur. Sa richesse fut pour lui un obstacle, il ne fut pas capable de suivre le Messie car son cœur était fortement attaché à sa fortune plus que tout (Marc 10 :17-25).

Les ambitions personnelles peuvent être une source d'excuses à la voie et à la volonté de Dieu. Si elles ne correspondent pas à ce que le Seigneur veut pour nous, la nature de l'homme aura tendance à le rejeter ou à reporter son accomplissement le temps pour lui de vivre ses passions.

Les préjugées, les conceptions sociales ainsi que leurs limitations telles que placées par les hommes peuvent pousser plusieurs à douter de leur appel, par conséquent rechercher des raisons pour échapper à cette destinée.

Dieu nous appelle à défier les systèmes établis afin de l'honorer lui seul.

Les excuses peuvent être le fruit du doute c'est-à-dire du manque de foi a la capacité de Dieu à accomplir ses promesses. Elles peuvent aussi être le fruit de l'incapacité révélée de l'homme face aux défis qui se présentent.

Ezéchiel ne douta pas de la capacité de Dieu à restaurer les ossements desséchés en une armée vivante mais sa nature humaine et limitée n'a pas pu appréhender cette chose si impossible à ses yeux. C'est pourquoi il répondit : « Seigneur tu le sais ».

L'attitude d'Ezéchiel démontra que l'on peut croire à la puissance de Dieu à accomplir ses promesses et douter en même temps de la capacité de cette puissance à nous transformer et nous utiliser. Bien des fois, nous agissons comme si Dieu avait commis une erreur en portant son choix sur nous.

On se dit en nous même qu'on n'est pas la bonne personne pour accomplir ce type d'exploits alors le Seigneur qui nous connait depuis notre essence nous sait capable de manifester sa gloire.

Le choix de Dieu sur nous révèle bien souvent notre incapacité. Cette révélation de ce que nous sommes, manifeste l'écart qu'il y a entre notre personne et l'appel glorieux de Christ.

Les excuses, toujours les excuses. Toute la Bible est remplie d'excuses d'hommes qui estimaient que leurs situations présentes constituaient des obstacles majeurs pour la connexion et l'accomplissement de la destinée dans leurs vies. Le temps nous manquerait si on devait reparler de Simon Pierre, qui fut un homme du peuple sans instruction, ayant une foi versatile, mais appelé à prendre le leadership de l'église dite primitive après le départ de Jésus-Christ.

Il m'a fallu presque dix ans pour accepter pleinement la volonté de Dieu sur ma vie concernant mon appel au ministère.

J'étais passionné de médecine, je ne voyais rien d'autres que devenir un médecin, et je me disais que prêchais l'évangile gaspillerait toute mon énergie.

Aujourd'hui, je suis heureux de ne vivre que pour faire du bien aux gens, en laissant à Dieu le soin de m'utiliser pour guérir et visiter son peuple. Je n'ai de paix qu'à vivre pour servir Jésus-Christ.

Je ne sais pas quelles sont tes excuses. Est-ce le niveau d'études, un handicap physique ou une faiblesse dans le caractère ? Sache qu'aucune chose n'est capable de t'empêcher de te connecter à ta destinée et à faire des exploits avec Dieu. Accepte seulement par la foi de le suivre, et tout ira mieux.

Le Seigneur Jésus-Christ était né dans un des pires et sales endroits qui puissent exister sur cette terre : une crèche. Un lieu qui n'avait rien de commun avec les fermes actuelles. Il naquit dans un milieu d'extrême pauvreté en côtoyant à sa naissance les boucs, les chèvres et autres animaux qui s'y trouvaient. Incroyable décor !

« Elle (Marie) enfanta son fils premier-né. Elle l'emmaillota, et le coucha dans une crèche, parce qu'il n'y avait pas de place pour eux dans l'hôtellerie. » Luc 2 : 6

Mais le fait que Jésus-Christ soit né dans une crèche parmi les animaux, dormant dans une mangeoire pour bêtes comme s'il était couché dans un berceau, et non dans le palais somptueux, moins encore dans une simple maternité n'a pas empêché son étoile de briller dans le ciel ce jour-là, ni aux mages et bergers de venir l'adorer, eux tous poussés par Dieu.

Sa situation n'a nullement changé le plan de gloire de Dieu sur la vie de Jésus. De la crèche, il a fini dans la gloire à la droite du Père, ayant reçu le nom qui est au-dessus de tout nom (Philippiens 2 : 9).

Nous devons par conséquent croire plus en Dieu et à son appel plus que nous croyons en nous-même. Les défis qu'Il place devant nous sont bel et bien à notre portée. La seule chose alors à faire c'est de Lui dire : *« Je suis la servante [le serviteur] du Seigneur ; qu'il me soit fait selon ta parole! » Luc 1 : 38*

Chapitre 3
LA CONSÉCRATION

La consécration est le fait par lequel l'homme accepte de suivre et de s'offrir au plan divin, afin de mener une vie qui est seulement conforme à Dieu, se mettant à l'écart pour ne plaire qu'à Lui et à Lui seul. Ainsi, sa vie est vécue non selon les principes de ce monde, mais selon les principes et la volonté de Dieu.

La consécration est la marque de tous ceux qui appartiennent à Dieu, et qui marchent avec lui dans une soumission inconditionnelle. Elle est la porte d'entrée d'une vie d'intimité avec le Créateur suprême. Elle est la première chose à faire après avoir rencontré Dieu, après avoir reçu ses promesses, car ces dernières ne s'accomplissent que dans la vie de ceux qui sont consacrés à l'Eternel.

La consécration est voulue par Dieu, mais demeure un acte volontaire. Dieu ne peut pas nous y contraindre sans notre engagement volontaire. Il propose le choix mais laisse à chacun le libre arbitre.

« …J'ai mis devant toi la vie et la mort… Choisis la vie, afin que tu vives, toi et ta postérité » Deutéronome 30 : 19.

S'OFFRIR SOI-MÊME

« Gédéon lui dit : ne t'éloigne point d'ici jusqu'à ce que… j'apporte mon offrande, et que je la dépose devant toi. Et l'Éternel dit : Je resterai jusqu'à ce que tu reviennes… l'Ange de l'Éternel avança l'extrémité du bâton qu'il avait à la main, et toucha la chair et le pain sans levain. Alors il s'éleva du rocher un feu qui consuma… » Juges 6 : 18 - 21

Ce qui est crucial dans cette histoire est qu'après la conversation entre l'Éternel et Gédéon sur le choix porté sur sa personne, et ses capacités réelles à accomplir la mission de Dieu, Gédéon lui demande d'attendre afin qu'il lui apporte l'offrande de quelque chose de personnel et de privé.

L'Eternel consomma l'offrande de Gédéon. Cela fut la première chose qu'il fit après avoir reçu la révélation de Dieu sur sa personne et sa destinée.

« Je vous exhorte donc, frères, par les compassions de Dieu, à OFFRIR vos Corps comme un sacrifice vivant, saint, agréable à Dieu, ce qui sera de votre part un culte raisonnable. » Romains 12 :1

Connaissant ce principe, Gédéon a tenu à ce que sa vie à travers son offrande soit avant toute chose agréée par Dieu. Cet acte de s'offrir soi-même à Dieu fut accompli par Gédéon avant toute chose, avant même que ce dernier n'aille détruire l'autel des Baal de la maison de son père. Cela était très significatif.

Rien ne vient avant la consécration. Tout ce qui peut être fait avec Dieu, pour nous ou pour Dieu se fera après que nous décidions de nous offrir à Lui.

La connexion avec Dieu

La consécration nous connecte à Dieu et nous conserve en lui. Ainsi, nous sommes rassurés d'arriver à notre destination, car elle nous protège de l'ennemi le diable : destructeur des destinées. Un homme qui ne veut pas se sanctifier et se consacrer à Dieu, s'éloigne de sa destinée et retarde l'action de Dieu dans sa vie.

La chrétienté "light" ou "bon chic bon genre" telle que présentée aujourd'hui par les médias, le cinéma et autres prédicateurs, n'est pas de Dieu, elle est satanique et vise à détruire les vies et conduire les gens en enfer.

Ces enseignements qui nous présentent un Dieu qui ne te juge pas, qui ne te condamne pas, ni ne t'oblige aucun changement, ne viennent pas de la Bible. Cela est même opposé au caractère de notre Dieu, lequel supporte par amour sans tolérer quoi que ce soit.

Dieu nous exige une sanctification totale et une consécration entière. Soit on est totalement à Lui, soit-on ne l'est pas. On ne peut pas le voir sans la sanctification (Hébreux 12 :14) car la sainteté est la nature de Dieu : objet de notre poursuite.

La consécration est le seul moyen qui nous permet de maintenir la présence de Dieu en nous et avec nous, nous donnant d'être protégés quel que soit le danger, même dans la vallée de l'ombre de la mort on ne craindra aucun mal (Psaumes 23 : 4).

« Parle à toute l'assemblée des enfants d'Israël, et tu leur diras : Soyez saint, car Je suis saint, moi l'Éternel, votre Dieu » Lévitique 19 :2

« Vous serez saints pour moi, car Je suis saint, moi, l'Éternel ; je vous ai séparés des peuples, afin que vous soyez à moi » Lévitique 20 : 26

« Mais, puisque celui qui vous a appelés est saint, vous aussi soyez saints dans votre conduite. » 1 Pierre 1 : 1, 16

La délivrance

La consécration est tellement importante qu'elle nous ouvre non seulement la voie à la délivrance, mais nous permet aussi de la conserver une fois acquise. Elle permet de conserver la vie de Dieu en nous sans altération.

« Lorsque l'esprit impur est sorti d'un homme, il va par les lieux arides, cherchant du repos, et il n'en trouve point. Alors il dit : je retournerai dans ma maison d'où je suis sorti, et quand il arrive, il la trouve vide, balayée et ornée (délivrée

certes, mais pas consacrée, car la présence de Dieu n'y réside pas). Il s'en va et prend avec lui sept autres esprits (démons) plus méchants que lui, ... s'y établissent, et la dernière condition de cet homme est pire que la première. » Matthieu 12 : 43 - 45

Dans ma vie de chrétien et dans mon ministère pastoral, je rencontre beaucoup de personnes qui veulent de Dieu, du moins de sa bénédiction, de ses faveurs et de sa visitation sans vouloir se consacrer à lui.

Je me souviens encore de cette personne qui pendant sa délivrance jura sur sa propre tête, avec imprécations qu'elle ne reviendrait plus sur son ancienne vie, car sa misère et son désespoir étaient si grands.

Peu de temps après sa délivrance, vivant désormais en paix car Dieu l'avait visitée, elle décida de revenir à son ancienne vie, l'impudicité cause de ses malheurs. Elle nous demandait de lui permettre d'avoir des rapports intimes, en attendant que sa relation soit régularisée.

Nous lui avons simplement montré ce que disaient les Ecritures à ce propos, et qu'elle avait à faire le choix entre son péché et sa croix qu'elle devait porter pour suivre Christ. Et c'était sans surprise que nous constations qu'elle avait changé de numéro de téléphone pour nous éviter.

Cet exemple n'est qu'un échantillon de gens que nous rencontrons tous les jours dans notre vie de pasteur. Ce genre de cas, plutôt que d'être une exception semble être la loi de la majorité.

Pour ma part, lorsqu'une personne ne veut pas se sanctifier et se consacrer à Dieu, j'arrête tout suivi et aide spirituelle, je continue à prier pour elle en privé, car sans sa consécration toute délivrance faite devient l'ouverture à sa destruction. Dieu est un Dieu de principes, celui qui veut marcher avec lui doit, et cela sans conditions, se sanctifier et se consacrer à lui.

Le Fils de la promesse

C'est la théorie selon laquelle le fils de la promesse ne meurt jamais. Chanté, clamé, et proclamé par plusieurs personnes n'a aucune base biblique ni pratique. Cette théorie on peut avoir des promesses venues de Dieu, rien ne garantit que nous allions expérimenter cela. On peut être déjà commencé à vivre sa réalisation mais rien ne nous rassure de voir sa main jusqu'à la fin.

La fidélité de Dieu à ses promesses ne garantit pas forcément son accomplissement. La seule chose qui peut garantir l'accomplissement des promesses de Dieu dans la vie d'une personne, au-delà de la fidélité de Dieu est la fidélité de l'homme face à Dieu.

Adam et Eve vivait dans la présence de Dieu avec les promesses et des garanties. Mais le jour où ils se sont dérobé des instructions en mangeant du fruit de la connaissance de la vie et de la mort, Dieu les chassa du jardin sans aucune forme de procès.

DE NOUVEAU LA DIFFÉRENCE

« Et vous verrez de nouveau la différence entre le Juste et le Méchant, entre celui qui sert Dieu et celui qui ne le sert pas. » Malachie 3 :18

Cette portion des Écritures tirée du livre du prophète Malachie montre le critère sur lequel Dieu se base en premier pour créer la différence dans les vies de gens. La crainte de Dieu est l'élément prépondérant qui permet au Seigneur d'établir la différence parmi les hommes.

La crainte de Dieu passe avant tout. Elle nous qualifie devant lui et nous rend éligibles pour bénéficier de sa faveur. Puisque le juste fait la joie du cœur de Dieu, il lui donne en retour une marque qui crée la différence vis-à-vis des autres par l'accomplissement des désirs de son cœur.

« Ce que redoute le méchant, c'est ce qui lui arrive ; et ce que désirent les justes leur est accordé. » Proverbes 10 : 24

« Craignez l'Éternel, vous ses saints ! Car rien ne manque à ceux qui le craignent. » Psaume 34 : 9

Il est important de remarquer que les critères tels que repris dans *Malachie 3 :18*, parlent d'abord de la crainte de Dieu avant de parler du service. La crainte de

Dieu est la clé du succès et de la différence aux yeux de Dieu.

Elle passe avant le service de Dieu, les offrandes et les sacrifices de tout genre. Le service de Dieu est réservé aux justes, aux rachetés et aux sanctifiés, car il faut d'abord être juste aux yeux de Dieu avant de penser le servir, ou même faire un quelconque sacrifice.

« La pratique de la justice et de l'équité, voilà ce que l'Eternel préfère aux sacrifices » Proverbes 21 :3

« Car j'aime la piété et non les sacrifices, et la connaissance de Dieu plus que les holocaustes » Osée 6 :6

La crainte de Dieu est le socle de toute relation avec Lui. Elle nous garde dans la présence de Dieu, nous rend dignes devant sa face et nous donne accès à ses faveurs. Sans elle, il n'y a pas d'intimité avec Dieu et celle qui existait va se dissiper comme la poussière emportée par le vent.

Chapitre 4

CONNEXION A SA DESTINÉE

« *Comment cela se fera-t-il ?* » *Luc 1 : 34*, fut la question que Marie, fiancée de Joseph posa à l'ange lorsqu'il lui annonça qu'elle avait trouvé grâce aux yeux de Dieu, à cause de sa pureté, pour porter la grossesse de celui dont les prophètes avaient parlé : le Messie.

Cela était incroyable pour Marie, car humainement parlant il est impossible à une vierge c'est-à-dire à une femme qui n'a point connu d'homme puisse porter une grossesse. Par quel miracle cela s'accomplirait-il ?

Cette question est celle que beaucoup de gens dans la Bible se sont posés, et que plusieurs se posent encore aujourd'hui lorsqu'ils reçoivent l'appel et les promesses de Dieu, car les choses que Dieu dit sur nous sont pour la plupart étonnantes, éblouissantes comme le soleil à son midi.

« ...Ce sont des choses que l'œil n'a point vues, que l'oreille n'a point entendues, et qui ne sont point montées au cœur de l'homme, des choses que Dieu a préparées pour ceux qui l'aiment. » 1 Corinthiens 2 :9

Dans cette quête de voie pour arriver à la destinée de Dieu, de vivre la grandeur, de connaître l'élévation et de faire des exploits dans la vie, différents moyens sont souvent employés par les gens. Nous en citerons quelques-uns que nous estimons être le plus usités.

Par les voies de Dieu

Dieu qui fait la promesse est capable d'accomplir ses plans dans nos vies, car pour lui toute vie est un plan dont il est l'architecte et le constructeur, veillant et travaillant pour son achèvement.

Ce Dieu créateur de toute chose, lui qui a appelé à l'existence les choses qui n'étaient pas par sa simple parole, se suffit à lui-même pour nous amener à destination. Son bras lui vient en secours pour accomplir avec puissance ce que son cœur a planifié.

« Ainsi en est-il de ma parole, qui sort de ma bouche : elle ne retourne point à moi sans effet, Sans avoir accompli mes desseins. » Esaïe 55 :11

Saül, premier roi d'Israël, le devint non parce qu'il l'avait cherché, voulu ou désiré, mais parce que Dieu l'avait choisi. Dieu lui-même mit en œuvre la machine pour que ce dernier quitte la maison de son père où il se cachait, afin de rencontrer Samuel qui devait l'oindre comme roi.

La perte des ânesses de son père fut le moyen que Dieu s'était choisi pour le sortir de sa cachette.

« Les ânesses de Kis, père de Saül, s'égarèrent ; et Kis dit à Saül, son fils : prends avec toi l'un des serviteurs, lève-toi, va, et cherche les ânesses », *« Samuel prit une fiole d'huile, qu'il répandit sur la tête de Saül. Il le baisa, et dit : L'Éternel ne t'a-t-il pas oint pour que tu sois le chef de son héritage ? » 1 Samuel 9 : 3 ; 10 : 1*

David le jeune fils d'Isaï entra dans l'histoire de la royauté sans avoir un ancêtre roi, par le choix de Dieu qui s'était porté sur lui. Alors qu'il était dans sa routine journalière de gardien de brebis, la royauté vint à lui.

Simon Pierre devint apôtre par l'appel du Seigneur, qui n'a pas tenu compte du fait qu'il était un homme du peuple avec peu d'instruction. Il prit les rênes de l'Église après le départ du Seigneur Jésus-Christ et la conduisit vers sa destinée glorieuse, par la grâce de Dieu.

Tout ce que l'homme doit faire, pour vivre le plein accomplissement des promesses Dieu, c'est de compter sur Dieu, sur ses moyens et travailler jour après jour dans la direction de la promesse divine jusqu'à son accomplissement.

Le moment venu Dieu permettra que l'homme ait l'opportunité pour y parvenir ou puisse rencontrer la bonne personne qui nous indiquera ce qu'il faut faire afin de réussir, à l'instar Esther fut conseillée par Mardochée pour devenir reine de Perse ou Ruth par Naomi pour rencontrer Boaz.

Ce moment de faveur qui rencontrera nos efforts de longue durée, exposera notre succès au grand jour, à la surprise générale. Elle révèlera au monde le champion que nous avons toujours été en coulisse alors que tout le monde nous ignorait ou n'avait pas connaissance de notre existence.

Par les moyens humains

Tout chemin mène à Rome ! Ce proverbe latin du douzième siècle d'Alain de Lille est dans le contexte actuel une théorie selon laquelle qu'il est possible d'atteindre le même but par des voies très différentes, l'essentiel étant d'arriver à destination, sans tenir compte des moyens déployés. Plusieurs utilisent ce principe pour tenter d'arriver à l'accomplissement des promesses de Dieu, associant le faux au vraie, comme qui dirait la voix de Jacob, aux faux bras d'Ésaü.

« Isaac dit à Jacob : …La voix est la voix de Jacob, mais les mains sont les mains d'Ésaü. » Genèse 27 : 21- 22

Pour arriver à la bénédiction du père, quoiqu'ayant la promesse de Dieu sur lui : « *…et le plus grand sera assujetti au plus petit.* » *Genèse 25 : 2,* Jacob fit usage des moyens non divins (le vol du droit d'ainesse en échange d'un bol de soupe, de mensonge, d'usurpation d'identité, et bien d'autres).

Il est malheureux aujourd'hui de voir le nombre de gens qui sont prêt à tout pour arriver à leur fin, et même l'Église du Dieu vivant n'est pas épargnée par toute sorte de ruse, fraude, manigance, mensonge, intimidation et manipulation employés pour arriver à ce qu'on veuille, détruisant des familles, des vies et des destinées.

Parce qu'on veut posséder et devenir, on compromet sa relation avec Dieu en commettant le péché, au point de faire taire sa conscience. Même lorsque la chose ne lui appartient pas, son temps de posséder ou son tour d'être élevé n'est pas encore arrivé, on emploie des méthodes non divines maquillées et parfumées de Dieu.

« Mais chacun est tenté quand il est attiré et amorcé par sa propre convoitise. Puis la convoitise, lorsqu'elle a conçu, enfante le péché ; et le péché, étant consommé, produit la mort. » Jacques 1 : 14

Développez à ce stade des attitudes qui vous permettront de vous maintenir dans le silence sous la puissante main de Dieu afin qu'Il vous élève au temps convenable. Les attitudes telles que la patience, la maitrise de soi et le contentement nous permettront de vous purifier de toute mauvaise motivation.

La fin ne justifie pas forcément les moyens comme certains le prétendent. Avec le Seigneur, toute réussite qui ne passe pas par Lui n'en est pas une. Il vaut mieux échouer socialement en préservant sa relation et son intimité avec Dieu plutôt que de tout avoir et perdre son salut.

Derrière la réussite de plusieurs, derrière la prétendue bénédiction divine de certains peuvent se cacher des énormités qu'on ne peut nommer publiquement. Il n'est pas conseillé de vouloir à tout prix copier aveuglement la réussite des autres car chacun a sa source.

Que le Seigneur nous donne un cœur pur et qui sait attendre, tout en se réjouissant de la grâce manifestée dans la vie des autres. Sans cela, l'ambition vous poussera à exploiter et à détruire les autres. Un homme qui sait se dompter lui-même est prêt pour être grand !

Par alliance avec le diable

Pour parvenir à la réalisation de leurs rêves, plusieurs personnes, poussées par la convoitise, le souci d'avoir, d'acquérir vite et de devenir, sont prêtes à tout. Pour cela, elles se laissent attirer par les sollicitations du diable qui se présentent à elles comme la solution rapide pouvant les sortir de la misère.

Ainsi, le fétichisme, la magie, les sciences occultes, etc. sont des moyens ou des portes d'entrée par lesquelles le diable signe alliance avec ces hommes pour la gloire éphémère de ce siècle.

La tentation est donc l'arme du diable, sa technique depuis toujours, celle qu'il employa face à Ève dans le jardin d'Eden. Cette même tactique l'ennemi emploie encore de nos jours pour attirer les impatients et les ignorants.

Le Seigneur Jésus-Christ dans la prière du Notre Père nous demande de prier afin de ne pas tomber dans la tentation car elle est de plus en plus grande.

La tendance aujourd'hui est à la banalisation de certaines voies clairement interdites par Dieu afin d'amener beaucoup de gens à faire alliance avec le diable sans forcément le vouloir ou le savoir.

On les présente sous forme de simples technologies, sciences et arts pour améliorer sa vie et augmenter sa possibilité de réussite. Le diable à travers ses agents humains travaille nuit et jour en vue de rendre normal à nos yeux ce qui ne l'est pas.

« Veillez et priez, afin que vous ne tombiez pas dans la tentation ; l'esprit est bien disposé, mais la chair est faible. » Matthieu 26 : 41

Chapitre 5

VAINCRE LA TENTATION

Il m'a paru important de faire un bref aperçu au sujet de la tentation car sur la voie de notre destinée, nous aurons de manière récurrente à y faire face. Elle s'offrira à nous comme une alternative à la voie de Dieu visant à nous procurer une réussite facile, à assouvir nos peines.

Or elle sera là pour stopper notre attente et nous conduire de manière inévitable vers une route autre que celle de Dieu. Compter sur Dieu sera alors notre seule possibilité de vaincre cette sollicitation.

« ...avec la tentation il préparera aussi le moyen d'en sortir, afin que vous puissiez la supporter. » 1 Corinthiens 10 : 13

Jésus-Christ notre Seigneur fut tenté par le diable, qui offrait des alternatives à l'obéissance à Dieu. A trois reprises le

Seigneur surmonta pour sa destinée. Ces trois tentations constituent les condensés des épreuves existantes.

LA TENTATION DU PAIN

« Le diable lui dit : Si tu es Fils de Dieu, ordonne à cette pierre qu'elle devienne du pain »
Luc 4 :3

La tentation du pain est celle du manger quotidien, manger à sa faim, non jusqu'à l'épuisement de la nourriture mais jusqu'à ce que l'on soit rassasié.

Il lui proposa donc de transformer les pierres en pain afin d'assouvir sa faim. Le Seigneur était capable de le faire, mais ne le fit pas, car l'essentiel n'est jamais le résultat, mais la finalité après avoir suivi la voie du Dieu non celle du diable.

Le pain quotidien

« Donne-nous aujourd'hui notre pain quotidien. » Matthieu 6 : 11

Dieu dans son amour pour nous, pourvoit à nos besoins de tout genre. Il pourvoit à notre pain quotidien et nous pouvons le lui demander dans la prière.

Le besoin de manger est tellement important que Jésus s'est retrouvé plus d'une fois obligé de faire un miracle, multipliant les pains et les poissons pour que le peuple mange.

« Il prit les cinq pains et les deux poissons et, levant les yeux vers le ciel, il rendit grâce. Puis, il rompit les pains, et les donna aux disciples, afin qu'ils les distribuassent à la foule… » Marc 6 : 41-44

La bénédiction divine sur son peuple est aussi liée à notre alimentation, au pain pour notre nourriture, donc le manger. La première des choses que Dieu nous donne et nous donnera en signe de sa bénédiction, à part la paix dans le cœur, est la capacité de manger à notre faim, car la terre ainsi promise à Israël est avant tout un pays du lait, du miel et du froment, dans lequel ils étaient appelés à vivre et manger jusqu'à être rassasiés.

« Car l'Éternel, ton Dieu, va te faire entrer dans un bon pays, pays de cours d'eaux, de sources et de lacs, …pays de froment, d'orge, de vignes, de figuiers et de grenadiers ; pays d'oliviers et de miel ; pays où tu mangeras du pain avec abondance,

où tu ne manqueras de rien. » Deutéronome 8 :7-9

Le besoin de manger est le plus élémentaire, mais capital dans la vie d'un homme, sans quoi il perd son sang-froid, son bon sens, et même sa réflexion, car *« ventre affamé n'a point d'oreilles »* a dit Canton dès le deuxième siècle avant Jésus-Christ.

Le pain quotidien représente aussi tout ce dont nous avons besoin pour mener une vie décente, normale, agréable, saine et digne d'être vécu. Il peut représenter aussi le vêtir, un travail bon rémunérateur et stable, une maison décente, une voiture, de belles chaussures, un mariage, des enfants, des enfants étudiants dans de bonnes conditions

Tous ces besoins de s'offrir ceci ou cela sur la terre des hommes selon le désir de son cœur peuvent créer la frustration et l'instabilité, pouvant pousser l'homme dans sa marche avec Dieu à mener une vie de compromission. Il peut se livrer au vol, au détournement des fonds, à l'escroquerie et bien d'autres vices pouvant assouvir son appétit.

C'est ainsi que vous trouverez sur terre beaucoup de gens qui vous diront s'ils sont sincères que l'une des raisons de leur compromission fut la nécessité de satisfaire à leurs besoins primaires, nobles et vitaux. Parlant à certaines femmes qui entretiennent des relations illicites avec des hommes financièrement stables, comme concubines ou seconde épouse et autres, le besoin de pain reste l'une des motivations.

Certaines qui s'adonnent à la prostitution avancent des arguments corroborant cette thèse. Elles disent qu'elles n'avaient pas de choix, il fallait qu'elles mangent, s'habillent et soient comme les autres jeunes filles. Dommage !

Le travail donne le pain

Dieu répond à la prière au sujet du pain quotidien, et béni l'homme par le travail. Sans travail, sans une activité génératrice de biens et de ressources, toutes les bénédictions que Dieu a prononcées sur notre vie restent improbables. Sans le travail, il n'y aura que mendicité ou compromission.

« …le précieux trésor d'un homme, c'est l'activité. » Proverbes 12 : 27 et « Tout travail procure l'abondance, mais les paroles en l'air ne mènent qu'à la disette. » Proverbes 14 :23

Le travail est la plus grande chose que Dieu ait donnée à l'homme, et est le moyen par lequel il le visite. Il n'existe donc aucun autre moyen qui peut miraculeusement remplacer le travail si l'on veut produire des richesses.

Celui qui veut avoir du pain avec respect, honneur et sans humiliation doit être prêt à travailler sérieusement car le pain facile n'existe pas. Dieu a prévu dès le jardin d'Eden que l'homme mangerait à la sueur de son front, c'est à dire par son effort. C'est une loi de la nature qui est appliquée à tous, aucun humain ne peut y échapper.

Celui qui sème récolte, celui qui travaille est payé, celui qui cherche trouve. Même les animaux de champs sont soumis à cette loi leur donnant le droit de brouter l'herbe alors qu'ils travaillent (1 Corinthiens 9 : 9-10).

Quelqu'un parmi nous désire-t-il posséder les biens de ce monde, matériels ou financiers ? Qu'il travaille. Sans cela, aucun miracle n'est possible. La prospérité ainsi que l'indépendance financière viennent par le travail.

« L'argent n'a pas d'odeur » a dit Vespasien, Empereur Romain du 1er siècle, c'est à dire qu'il est difficile à vue d'œil de déterminer la provenance d'un billet de banque, ou par quelle voie elle a été générée.

Ainsi, ne sous-estimons pas une activité. *Il n'y a pas de sots métiers, il n'y a que de sottes gens »* dit-on. Si elle peut résoudre certains problèmes de la vie par l'argent qu'elle va produire honnêtement, faisons là sans tenir compte du monde extérieur, ayant les yeux fixés sur le salaire.

LA TENTATION DU POUVOIR

« Je te donnerai toute cette puissance, et la gloire de ces royaumes ; car elle m'a été donnée, et je la

donne à qui je veux. Si donc tu te prosternes devant moi, elle sera toute à toi. » Luc 4 : 6-7

Le souci démesuré de devenir grand dans ce monde, d'avoir beaucoup de biens et d'argent, vivre dans le luxe, avoir la renommée, la gloire, devenir une icône pour sa génération, assouvir son ambition à tout prix est un grand piège qui permet au diable de marchander avec nous notre âme.

Ils sont nombreux, c'est même devenu monnaie courante, ceux qui font un pacte avec le diable pour la gloire et la richesse de ce monde, et cela dans tous les domaines : musique, sport, politique, cinéma, carrière professionnelle, et j'en passe. Tous à la recherche du bonheur sans Dieu. Le let motiv étant de réussir vite, fuir sa misère, se distinguer.

Pour se faire, le diable pousse ces adeptes à des pratiques ignobles telles que la consommation addictive des drogues, des invocations démoniaques, des pratiques sexuelles contre nature.

A cela il faut ajouter le satanisme, le spiritisme, des sacrifices humains, et bien d'autres pratiques indécentes. De plus en plus des jeunes sont gagnés et utilisés pour pervertir cette génération, et allier des milliers pour la cause de Satan.

The Devil's Advocate (L'Associée du diable ou l'Avocat du diable), ce film d'Al Pacino et Keanu Reeve sorti 1997 montre de manière claire comment un jeune avocat assoiffé de gloire et de réussite fini par se séduire et vendre son âme au diable, alors qu'il avait des racines chrétiennes.

L'ambition de réussir à tout prix conduit à la soif d'obtenir promptement des richesses, à une recherche effrénée de gloire et de popularité. Cet état d'esprit fait que plusieurs finissent par abandonner l'armée de Dieu pour pactiser avec Satan : l'ennemi de nos âmes.

Il est regrettable aujourd'hui de voir le nombre des jeunes talentueux issus des familles de souche chrétienne, dont certains ont même fait leur début avec le Seigneur au sein des églises, abandonnés la foi pour finir comme des instruments de toute sorte d'immoralité. Ils deviennent des agents marqueteurs sillonnant le monde entier à la recherche des nouveaux adeptes pour le royaume de ténèbres.

Le show-biz (cinéma et musique), le sport de haut niveau et la politique constituent les principaux champs d'action dans lesquels tout ou presque rien ne demeure caché. Leurs musiques, leurs tatouages et leurs attraits aux pratiques sexuelles dégradantes sont en lien direct avec leur obédience occulte.

Dans certains milieux de gloire de ce monde, les grands contrats ne se signent qu'entre initiés, frères de la même confrérie. Les postes politiques ne se donnent que s'ils se rassurent de ton lien avec eux. C'est de cette façon que se fait généralement le recrutement : par cooptation.

Que personne ne vous trompe donc ! Au-delà de la gloire, du luxe et du bonheur apparent, se cache une profonde souffrance. Il leur arrive certainement de se demander comment en sortir.

Mais la réalité étant loin d'être ce que nous voyons, car au fond de chacun d'entre eux gît une profonde misère aux allures cauchemardesques, liée à toutes les conditions qu'ils doivent remplir, lesquelles troublent leur âme et produisent un manque de paix souvent dérangeant. Jésus-Christ est le seul capable de leur accorder la paix qu'ils recherchent.

« Mais chacun est tenté quand il est attiré et amorcé par sa propre convoitise… » Jacques 1 : 14-15

Le souci démesuré de réussir rapidement, motivé par la convoitise, constitue la raison essentielle qui pousse les gens vers la perte de leur salut pour une gloire éphémère. Dieu donne et élève. Aujourd'hui encore il donne de la renommée à certains.

Il a fait d'Abraham père de la multitude, il a enrichi Salomon, il a doté Samson d'une force incroyable, Ruth et Esther jouirent miraculeusement des mariages heureux.

Que dire de Sarah, Anne et Élisabeth, qui accouchèrent, de stériles qu'elles étaient ! Tout cela, au temps marqué par Dieu. C'est pourquoi il est important de travailler son cœur à la patience et à l'attente de Dieu.

« Humiliez-vous donc sous la puissante main de Dieu, afin qu'il vous élève au temps convenable ; et déchargez-vous sur lui de tous vos soucis, car lui-même prend soin de vous » 1 Pierre 5 : 6-7

C'est faux de penser que tous ceux qui ont réussi, sont riches et prospères le sont par le diable. En regarde bien autour de nous, nous remarquerons que beaucoup ont ce que nous recherchons, par Dieu, sans pacte avec le diable, sans s'allier à une quelconque confrérie mystique.

Dieu donne, élève et enrichit, et sa bénédiction ne se fait suivre d'aucun chagrin, et d'aucunes conditions dégradantes ou humiliantes, mais plutôt de joie, de bonheur et de paix.

LA TENTATION DU MAINTIEN

« Le diable... lui dit : Si tu es Fils de Dieu, jette-toi d'ici en bas ; car il est écrit : Il donnera des ordres à ses anges à ton sujet, afin qu'ils te gardent ; et : Ils te porteront sur les mains, de peur que ton pied ne heurte contre une pierre. »
Luc 4 : 9-11

La peur de la chute est une chose que redoute tout homme qui est parvenu à un résultat noble dans la vie.

La peur d'un homme riche de se retrouver du jour au lendemain pauvre ; la peur qu'a un grand sportif talentueux, de renom de tomber bas, perdre sa gloire et voir sa carrière s'arrêter subitement ; la peur d'un politicien plusieurs fois haut fonctionnaire de ne plus se voir nommer ; celle d'un pasteur de perdre des foules et sa popularité, etc., peuvent pousser certains au mal.

Mis dans une position de hauteur tout homme a perdu de la chute, du grand au plus petit, du noir au blanc. Tous nous avons peur. Voilà la raison pour laquelle beaucoup aujourd'hui ont recours à la magie, à l'occultisme, au fétichisme pour maintenir leur position, alors que certains parmi eux sont parvenus à la grandeur par le travail et la grâce de Dieu, sans pactiser avec Lucifer.

Je pense à ce monsieur que j'appellerai Herbert qui après être nommé à un poste très important dans son entreprise, a commencé à faire de crise comme un épileptique, tombant à son lieu de travail, ce qui bien sûr allait occasionner sa révocation.

Poussé par un collègue, il eut recours à l'occultisme pour se protéger des attaques mystiques. Malheureusement, ce fut le début de sa misère, il arrêta de tomber au travail certes, mais c'est toute sa vie, celle de sa famille et sa descendance qu'il céda au diable, les soumettant à ses jougs.

« Si l'Éternel ne bâtit la maison, ceux qui la bâtissent travaillent en vain ; Si l'Éternel ne garde la ville, celui qui la garde veille en vain. » Psaume 127 : 1

« Le Seigneur dit : Simon, Simon, Satan vous a réclamés, pour vous cribler comme le froment. » Luc 22 : 31

Le diable n'aime pas voir le bonheur, la joie, la bénédiction de Dieu s'accomplir dans nos vies. Il est jaloux de notre réussite, et rempli d'aigrir lorsque nous faisons des exploits avec Dieu, raison pour laquelle il travaille nuit et jour, avec ses démons et agents pour nous faire chuter et nous faire perdre notre salut et position en Christ, mais aussi notre bénédiction.

Le Seigneur n'est pas seulement celui qui donne la bénédiction mais il est aussi celui qui nous garde de toute chute. Nous devons compter sur lui puisqu'il est le seul à nous garantir une protection permanente et sans faille.

« …Il ne permettra point que ton pied chancelle; Celui qui te garde ne sommeillera point. Voici, il ne sommeille ni ne dort, Celui qui garde Israël. L'Eternel est celui qui te garde, L'Eternel est ton ombre à ta main droite. Pendant le jour le soleil ne te frappera point, Ni la lune pendant la nuit. L'Eternel te gardera de tout mal, Il gardera ton âme; L'Eternel gardera ton départ et ton arrivée, Dès maintenant et à jamais. »
Psaume 121 : 3-6

Cette protection est le fruit de notre position en Christ Jésus : nous sommes cachés en Lui. Nous devons être confiant en l'Eternel et surs qu'aucune chose qui ne soit dans sa volonté nous arrive. La protection par le nom de l'Éternel, le Saint-Esprit et les anges de Dieu est l'assurance que nous avons, nous permettant de vivre en paix comptant sur le Seigneur comme Yahvé-Sabaoth (Eternel des Armées).

« Le nom de l'Éternel est une tour forte ; le juste s'y réfugie, et se trouve en sureté. » Proverbes 18 : 10

« …Quand l'ennemi viendra comme un fleuve, L'esprit de l'Éternel le mettra en fuite. » Esaïe 59 : 19

« L'ange de l'Eternel campe autour de ceux qui le craignent, Et il les arrache au danger. » Psaume 34 :7

Chapitre 6

MANIFESTER LA FOI DE DIEU

La foi est cette assurance que nous avons dans le cœur que Dieu est ce qu'il est, et qu'il exauce la prière. C'est d'ailleurs pour cette raison que nous nous approchons de Lui (Hébreux 11 : 6, 4 :16 ; Psaumes 65 :2.).

Dieu étant essentiellement spirituel et invisible, la foi est ce moyen qui permet à l'homme d'entrer en connexion avec lui. Sans la foi, la relation avec Dieu est impossible, elle ne peut avoir lieu. Plusieurs dimensions de cette foi conduiront à sa découverte multifacette dans le but d'en saisir le sens profond.

La foi de Dieu est celle qui est créée dans notre cœur par Dieu lui-même, afin de répondre à ses besoins. Elle est donc la vraie foi, car elle est en harmonie avec ce que le cœur de Dieu sent, ressent et prévoit, et rien d'autres.

« Il y a dans le cœur de l'homme beaucoup de projets, mais ce qui s'accomplit ce sont les desseins de l'Éternel. » Proverbes 19 : 21

Une foi qui n'agit pas dans le cadre de la volonté de Dieu n'en est pas une ; c'est de l'ambition personnelle, des désirs humains et purement charnels. Or, Dieu ne répond qu'à la foi bâtie sur sa volonté. Il ne répond jamais à nos passions car autant les cieux sont élevés au-dessus de la terre, autant les voies de Dieu diffèrent de celles des hommes (*Esaïe 55 : 9*).

« Nous avons auprès de Lui cette assurance que si nous demandons quelque chose selon sa volonté, il nous écoute » 1 Jean 5 : 14

Seule la volonté de Dieu marque la différence dans l'exercice de la foi. Nous avons beau prétendre avoir la plus grande foi du monde, si elle ne rencontre pas la volonté d'Élohim, son besoin ou sa part, elle ne sera jamais exaucée ni honorée.

La volonté de Dieu, c'est avant tout sa Parole : le Christ, car *« au Commencement était la Parole, la Parole était avec Dieu, la Parole était Dieu, Elle était au commencement avec Dieu. Tout ce qui a été fait a été fait par elle, et rien de ce qui a été faite n'a été faite sans elle, en elle était la vie, et la vie était la Lumière des hommes. » Jean 1 :1-6*

C'est pourquoi le Seigneur connaissant ce principe, demanda à Josué de faire en sorte que *« ce livre de la loi ne s'éloigne point de ta bouche, médite le jour et nuit, pour agir fidèlement selon tout ce qui y est écrit ; c'est alors que tu auras du succès dans tes entreprises, c'est alors que tu réussiras. » Josué 1 : 8*

Pour bien exercer la foi dans l'optique de la volonté de Dieu, la méditation régulière de sa parole nous y aide et permet de mieux appréhender sa pensée pour chaque situation que nous pourrons rencontrer sur terre.

La volonté de Dieu c'est aussi le témoignage de l'Esprit à notre esprit car si nous sommes rassurés d'être sauvés après avoir reçu Jésus-Christ comme Sauveur et Seigneur c'est parce que *« Le Saint-Esprit rend témoignage à notre esprit que nous sommes enfant de Dieu. » Romains 8 :16*

En plus de nous rassurer de notre salut, le Saint-Esprit nous enseigne toutes les voies de Dieu.

« ...Quand le Consolateur sera venu, l'Esprit de Vérité, il vous conduira dans toute la vérité ...il dira tout ce qu'il aura entendu, et il vous annoncera les choses à venir. » Jean 16 : 7, 13

Le chrétien doit vivre sur la terre selon la vérité du ciel et suivant le plan divin immédiat, à court, à moyen et à long terme. Pour cela, il doit développer une forte intimité avec le Saint-Esprit pour rester de manière permanente connecté au conseil secret de Dieu.

Cette intimité avec la personne du Saint-Esprit, le Paraclet, se fait premièrement par une vie de pureté, d'intégrité et de consécration devant Dieu, deuxièmement par une vie d'abandon de soi à Dieu dans des prières persévérantes, et de moments d'adoration en intelligence et en langues.

Tous ceux que la Bible présente comme héros de la foi l'ont été parce qu'ils ont seulement vécu et agi en réponse à la voix de Dieu, en marchant en conformité avec le conseil secret de Dieu, sans pactiser avec la réalité terrestre ayant pour seul objectif, répondre besoin divin.

« C'est par la foi que Noé, DIVINEMENT AVERTI des CHOSES qu'on ne VOYAIT PAS ENCORE, et saisi d'une Crainte respectueuse, construisit l'arche pour sauver sa famille... » Hébreux 11 :7

Noé comme tout homme avait certainement envie de se construire une maison, augmenter son bétail, avoir plus de champs, vivre normalement en faisant des projets en rapport avec sa vie sur terre, rien de plus normal. Mais il ne fit rien de tout ce qu'il désirait.

Il a agi seulement selon ce que le ciel prévoyait, à savoir : la construction de l'arche. Il la construisit pendant plus de dix ans pour se sauver, lui et sa famille de la punition de Dieu.

« C'est par la foi que Hénoc fut enlevé pour qu'il ne voie point la mort, et il ne parut plus parce que Dieu l'avait enlevé ; car, avant son enlèvement, il avait reçu le témoignage qu'il était agréable à Dieu. » Hébreux 11 : 5

Hénoc fut le premier homme à être enlevé de la terre pour le ciel sans passer par la mort physique. Cela a pu avoir lieu parce que ce dernier marcha d'une manière qui plut tellement à Dieu au point de déclencher son départ vers Lui.

Juste avant qu'Hénoc soit enlevé, sa connexion avec le ciel lui permit de ressentir le cœur de Dieu à son sujet. Il était donc parvenu à savoir ce que le conseil divin avait décidé sur son sort.

Dès ce moment précis, Hénoc commença à croire qu'il pouvait être enlevé même si personne avant lui n'avait vécu cette expérience. Il le désira tellement qu'un jour il ne fut plus. Il alla auprès du Seigneur.

« Hénoc marcha avec Dieu, puis il ne fut plus, parce que Dieu le prit. » Genèse 5 : 24

La vie sur terre sans la connexion avec le ciel est un grand danger. Sans la révélation de ce que le ciel pense, dit et prévoit de faire, il y a possibilité de faire naufrage par rapport à sa foi. Cette habilité de connaître la pensée de Dieu n'est pas l'apanage seulement des prophètes, mais de tout enfant de Dieu baptisé du Saint-Esprit et qui marche avec Lui.

La foi de Dieu n'est pas liée aux intérêts matériels et financiers, encore moins à la gloire humaine rattachée à une ouverture, aux avantages et bénéfices qu'une vie peut apporter. Elle a une seule préoccupation, une seule priorité : l'accomplissement de la volonté de Dieu, peu importe les pertes que cette poursuite peut occasionner.

« C'est par la foi que Moïse, … refusa d'être appelé fils de la fille de Pharaon aimant mieux d'être maltraité avec le peuple de Dieu …regardant l'opprobre de Christ comme une richesse plus grande que les trésors de l'Égypte… » Hébreux 11 :24-26

Comme Moïse, beaucoup de personnages de la Bible, ceux qui ont marché avec Dieu et devant sa face ont eu à faire le choix d'abandonner la gloire présente et terrestre, les intérêts immédiats et éphémères, financiers et matériels soient-ils, pour suivre le vrai

Dieu en choisissant sa volonté pour accomplir ses plans et ses desseins.

Chapitre 7

GERMER EN SON LIEU

Le Créateur a dans sa souveraineté, donné aux hommes la terre, pour y régner et y dominer. Il est important de comprendre que l'Eternel en créant la terre, n'a établi aucune limite ni barrière interdisant aux hommes de faire de mouvement et de se déplacer des pays en pays, de continent en continent, de territoire en territoire. Ainsi, la réussite et la prospérité dans tout territoire sont donc garanties.

« Tout lieu que foulera la plante de ton pied, je vous le donne en possession, comme je l'ai dit à Moïse. » Josué 1 : 3

En dépit du fait que cette promesse de Dieu est rattachée à tout chrétien, il est important de savoir que la bénédiction divine est notamment liée à un lieu spécifique. Tout le monde ne prospèrera pas partout car chacun de nous a un lieu, un territoire où Dieu l'a planté pour sa prospérité.

« Tu lui diras : ainsi parle l'Éternel des armées : Voici, un homme, dont le nom est germe, germera dans son lieu, et bâtira le temple de l'Éternel. » Zacharie 6 : 12

Nous sommes des semences entre les mains du Seigneur. Notre productivité, efficacité et récompense sont liées au lieu où Dieu nous plante. De même qu'il y a des plantes qui ont besoin dans une certaine terre, et certaines conditions climatiques, autant il y a une foi qui ne peut fonctionner que sur un territoire bien donné ou dans un mouvement vers un territoire bien défini.

Le plan de Dieu sur notre vie est lié à un territoire, une région spécifique là où il est appelé s'accomplir. Voilà pourquoi il est crucial de connaître le territoire sur lequel Dieu t'appelle à être planté afin de produire réellement du fruit, du bon fruit surtout. En dehors de ce cadre, rien n'arrive.

« Car, je connais les projets que j'ai formés sur vous, dit l'Éternel, projet de paix et non de malheur afin de vous donner un avenir et de l'Esperance. » Jérémie 29 : 11

La foi territoriale n'a rien en commun avec le fait d'effectuer régulièrement des voyages dans différents cadres ou pour diverses raisons, du style : missions de services, vacances, formations, études, missions évangéliques ou autres, mais plutôt une conviction en vue de l'établissement dans un territoire comme en résidence permanente et pour une longue durée.

À ce titre, nous prendrons exemple sur trois personnages de la Bible dans le but de ressortir les 3 sortes de foi territoriale.

LA FOI D'ABRAM

« L'Éternel dit à Abram : Va-t-en de ton pays, de ta patrie, et de la maison de ton père (va) dans le pays que je te montrerai. » Genèse 12 : 1

Abram grandit en Mésopotamie et vint s'installer avec sa famille à Charan, là où mourut son père. En ce lieu, il reçut la révélation de Dieu que ce n'était pas la terre sur laquelle il devait exercer sa foi pour prospérer.

Pour qu'il vive la main de Dieu dans sa vie et soit distingué de ses concitoyens, des membres de sa famille, il devait partir et vivre comme nomade jusqu'à ce que l'Éternel l'établisse sur une terre étrangère, qui lui serait montrée chemin faisant, et qui deviendrait désormais sa nouvelle terre.

La réussite d'Abram dépendait donc de ce mouvement nomade.

Plusieurs pour vivre l'accomplissement des plans de Dieu dans leurs vies devront quitter leurs villages, leurs régions, leurs patries, et d'autres symboles de sécurité pour aller vers une terre inconnue, vers un pays qui leur est étranger, vers une nation qui n'est pas la leur et certains comme pionniers qui ouvriront la voie à d'autres.

Abram marcha durant des années pour enfin arriver à Canaan, là où Dieu l'établit, le bénit et le rendit prospère. Lorsque vous lisez son histoire, il ne rentra plus jamais à Charan. Même pour prendre Rebecca pour femme pour son fils Isaac, il diligenta un de ses services. (*Genèse 24 : 1-4*).

Plusieurs n'auront de paix et de réussite dans leur vie qu'après le départ de leur pays pour s'établir comme résidants dans un pays étranger, et même devenir citoyens de cette nouvelle nation par naturalisation.

En voyageant dans le monde pour la prédication de l'évangile, je rencontre de gens qui ont tout quitté dans leur pays et sont allés s'installer dans un autre pays ou un continent autre que le leur, dans les quatre coins de la terre.

Il est surprenant de voir le nombre d'occidentaux quittant leurs contrées pour venir s'installer dans les pays dits du tiers monde ou sous-développés. Certains d'entre-eux se marient aux autochtones et décident de ne plus rentrer dans leurs pays d'origine réputés civilisés, développés et riches. Ce qui les attire étant plus fort que le confort laissé derrière eux, ils répondent ainsi d'une certaine manière à leur destinée.

Le feu Pasteur Jacques André Vernaud est un grand exemple de ce que nous disons. Il quitta la Suisse son pays d'origine pour suivre sa destinée en Afrique. Depuis les années 60, il embrasa l'Afrique centrale en générale, et la République Démocratique du Congo en particulier avec l'Evangile de Jésus-Christ.

Il meurt en 2011 en Afrique où il a vécu, et est enterré dans le petit cimetière des missionnaires à Sona-Bata dans la province du Kongo Central en RDC, laissant derrière lui une œuvre grandiose comme aucun Congolais n'a accompli dans son pays, moi-même étant un produit indirect de son ministère.

Beaucoup d'entre-nous devront vivre comme Joseph, fils de Jacob, qui exerça cette foi nomade sans le savoir car Dieu le conduisit vers une terre étrangère où il l'établit et le fut prospérer. Il ne rentra plus dans son pays, si ce n'est pour l'enterrement de son père Jacob (*Genèse 50 : 1-14*), et mourut dans le pays d'Égypte où il était gouverneur (*Genèse 50 :26*).

Du reste, beaucoup de promesses de Dieu sont liées aux nations et à la migration. Le plus grand ordre que le Seigneur Jésus-Christ en personne donna à ses disciples et à son Église est tourné vers les autres peuples, les nations, vers le voyage, vers la migration.

« Allez, faites de toutes les nations des disciples, les baptisant au nom du Père, du Fils et du Saint-Esprit, et enseignez-leur à observer tout ce que je vous ai prescrit. Et voici, je suis avec vous tous les jours, jusqu'à la fin du monde. » *Mathieu 28 :19-20*

Ainsi donc, certains parmi nous devront tout quitter pour aller s'installer aux extrémités de la terre, sur des terres étrangères et lointaines, là où le Seigneur les visitera. Dieu étant le maître des temps et des circonstances, il pourra décider d'envoyer une personne en dehors de sa famille, pays et continent, en l'établissant dans une région là où aucun homme de sa contrée n'est jamais arrivé.

L'obéissance à l'ordre divin de partir serait alors la clé de la visitation divine dans la vie d'un homme. Cet ordre explicite est souvent clair, exigeant et précis.

Il peut s'agir de quitter la sécurité de la barque comme pour Pierre, et marcher sur l'eau (Matthieu 14 : 27-28), un milieu inconnu sur lequel on n'a aucune maitrise ni expérience ; une façon de répondre à l'appel de Jésus-Christ, lui ordonnant de venir marcher sur l'eau.

LA FOI D'ISAAC

« Il eut une famine dans le pays, outre la première famine qui eut lieu du temps de Abraham ; …L'Éternel lui apparut, et dit : ne descends pas en Égypte, demeure dans le pays que je te dirai… Séjourne dans ce pays-ci ; je serai avec toi, et je te bénirai... » Genèse 26 : 1-3

La famine, la misère et la pauvreté peuvent conduire les gens à la migration. Souvenez-vous d'Abraham qui avait couru en Égypte à cause de la faim. C'est d'ailleurs encore aujourd'hui l'une des grandes causes de flux migratoire au monde.

Isaac se retrouva ainsi dans la même situation, et décida de fuir pour aller chercher le meilleur à l'étranger, chose qui arrive dans la plupart de cas. Instinct de survie oblige !

Alors qu'il projetait de partir pour l'Égypte, l'Éternel lui apparut et lui dit de ne pas partir de Guerar, d'y rester et d'y demeurer car Il le bénirait et le rendrait prospère en dépit de la situation de famine si préoccupante.

Dans la suite de l'histoire d'Isaac, nous constatons que Dieu le fit prospérer dans le pays réputé en ce temps-là pauvre et misérable. Il fut tellement prospère que ses puits furent l'objet de convoitise et de querelles des autochtones.

« Les bergers de Guerar querellèrent les bergers d'Isaac, en disant : l'eau est à nous. ...Ses serviteurs creusèrent un autre puits, au sujet duquel on chercha aussi querelle... » Genèse 26 : 20-21.

La jalousie, la convoitise et les querelles contre Isaac étaient tout simplement dues au fait que Dieu l'avait réellement béni dans le pays comme il avait promis.

Pendant que les habitants du pays manquaient et ne trouvaient pas du succès dans ce qu'ils faisaient, lui creusait et recreusait des puits, il trouvait toujours de l'eau.

La raison de sa prospérité fut donc l'obéissance à la direction divine de rester dans un pays socialement et économiquement chaotique, plutôt que de partir à l'étranger, vers un autre pays socialement prospère.

Tout le monde n'est pas appelé à partir de son pays pour fuir la misère et la pauvreté. Il y a de ceux qui seront bénis dans leur pays de naissance en dépit de la misère rencontrée. Partir serait alors une grosse erreur de leur part. Plusieurs d'ailleurs refusant de rester malgré l'ordre de Dieu, sont partis vers l'inconnu, et ont perdu le peu qu'ils avaient chez eux alors que Dieu s'en serait servi comme une semence pour les multiplier.

Une fois arrivé à l'étranger, ils se rendent compte que cela valait la peine d'obéir à Dieu et de rester, puisque cette prospérité derrière laquelle ils couraient n'est restée qu'une illusion comme un mirage dans le désert, ou encore le souvenir d'un rêve au réveil.

Je vis en dehors de mon pays d'origine depuis plusieurs années, et lors de mes différents voyages missionnaires, je rencontre beaucoup de gens qui sont venus à l'étranger comme vers l'eldorado, mais qui vivent dans une misère telle que jamais vécue chez eux.

Certains vivent dans une situation sociale stable liée au pays dans lequel ils se trouvent, mais laissent derrière eux des choses et des perspectives d'avenir qu'ils ne retrouveront plus jamais. D'autres encore, ont même détruit des ministères, des églises, des entreprises voire des mariages dont le regret a du mal à quitter leur vie.

Face à cette situation préoccupante, très peu ont le courage de rentrer chez eux à cause du qu'en dira-t-on, en dépit du fait qu'ils sont donc sans papiers et vivent des choses que l'on ne peut nommer. Grand est le nombre de ces filles qui sont devenues prostituées de profession par contrainte, juste pour avoir le pain et survivre dans le pays étranger. Elles sont parties pour la plupart sans connaître les voies de Dieu au sujet leur vie.

La promesse divine visant à faire prospérer Isaac sur cette terre de famine a commencé à agir malgré les mauvaises conditions climatiques et les querelles des autochtones. Étant donné que la bénédiction de Dieu ne se fait suivre d'aucun chagrin, l'Eternel permit à Isaac de la vivre pleinement et paisiblement, sans querelles ni chagrin, il le mit au large (Genèse 26 : 22).

À une personne je dis : Ne quitte pas le lieu où tu es, quelle que soit la famine, la galère et la forte pression de la vie. C'est un risque, mais accepte de le prendre car le temps te donnera raison. C'est dans ce pays-là que l'Éternel Dieu te visitera et tu seras étonnée de ce que Dieu fera dans ta vie, cela ne sera pas facile, mais tu y arriveras.

Par contre, pour ceux qui veulent partir, je leur recommanderais de chercher d'abord la pensée de Dieu les concernant avant de tenter une quelconque expérience prometteuse soit elle. Partir sans l'accord de Dieu peut écarter une personne sur la voie de sa destinée et l'éloigner ainsi du plan de Dieu pour sa vie.

Naomie dont l'histoire est décrite dans le livre de Ruth, avait un jour commis l'erreur de quitter Bethlehem la maison de pain à cause de la crise pour courir dans le pays de Moab pour chercher le pain. En dépit de leurs bonnes intentions, ils n'étaient pas dans la volonté de Dieu et le malheur arriva.

Naomi comprenant leur erreur, décida de rentrer à Bethlehem son lieu de bénédictions ou Dieu la visita notamment à travers Ruth. Cette visitation a eu lieu parce que Naomi ayant reconnu son erreur, a décidé de revenir en arrière.

Mais cette décision ne doit être prise après un moment sérieux de réflexion et de prière afin que Dieu vous instruise et vous rassure avant de tenter par soi-même de revenir. S'il vous demande de renter, faites-le.

Au départ les choses seront difficiles mais avec le temps la visitation viendra comme ce fut le Naomie.

LA FOI DE JACOB

L'exil temporaire peut s'avérer important dans certains cas. Il peut être volontaire ou involontaire mais peut dans tous les cas avoir un impact positif dans le domaine social et financier en ce qu'il permet de retrouver les ressources nécessaires à la survie avant de rentrer dans le pays d'origine.

Il peut aussi procurer des avantages sécuritaires en ce qu'il préservera une vie mise en danger dans un milieu. C'est le cas de Joseph qui s'enfuit en Égypte avec Marie et Jésus afin de préserver le Messie de la mort prématurée orchestrée par Hérode (Mathieu 2 : 13). Après un séjour de plusieurs années dans un pays étranger, ils rentrèrent dans leur pays après que le tyran soit mort.

« Rebecca lui dit : ton frère Ésaü veut se venger de toi en te tuant. Maintenant, mon fils… Lève-toi, enfuis-toi chez mon frère Laban à Charan. Reste chez lui quelque temps, jusqu'à ce que la fureur de ton frère s'apaise, jusqu'à ce que la colère de ton frère se détourne de toi et qu'il oublie ce que tu lui as fait. Alors je te ferai revenir. »
Genèse 27 : 42-45

Jacob vécut cette expérience d'exil. Il fut obligé de fuir la colère de son frère Ésaü à qui il avait volé le droit d'aînesse : la bénédiction des premiers-nés. Il partit pour Charan pour un moment, le temps que s'apaise la colère de son frère.

Durant son séjour à Charan auprès de son oncle Laban, il avait appris à travailler sérieusement pour gagner sa vie, chose qu'il ne savait pas vraiment faire lorsqu'il était auprès d'Isaac et Rebecca. Il prospéra sur cette terre étrangère comme Isaac l'avait dit lorsqu'il le bénissait. Dieu utilisa l'œuvre de ses mains pour le bénir et bénir la maison de Laban.

« Jacob dit à Laban : Tu sais comment je t'ai servi, et ce qu'est devenu ton troupeau avec moi ;

car du peu que tu avais avant moi s'est beaucoup accru, et l'Eternel t'a béni sur mes pas. » Genèse 30 : 29-30

Après ce séjour qui dura plusieurs années, il décida de rentrer chez lui, sur la terre où il était appelé à être béni : Canaan ; la terre promise à son grand-père Abraham, son père Isaac, et qui par la suite deviendrait sienne, faisant de lui l'héritier direct de la promesse de bénédiction terrestre que Dieu accorda à Abraham.

« Alors l'Éternel dit à Jacob : retourne au pays de tes pères et dans ton lieu de naissance, et je serai avec toi. » Genèse 31 :3

Je crois de tout mon cœur que beaucoup parmi les immigrés sont appelés par Dieu à rentrer dans leur pays d'origine après qu'ils aient reçu la bénédiction à l'étranger. Ils doivent rentrer pour hériter de leurs pères, posséder la terre comme héritage que les ancêtres leur ont légué pour ainsi faire profiter à leur nation le succès, la réussite, la prospérité et l'expertise acquis à l'étranger.

D'autres doivent, quelles que soient les années passées à l'étranger, conserver leur nationalité d'origine, du moins pour ceux qui sont issus des pays où la double nationalité n'est pas autorisée afin de rester éligible aux fonctions et la position voulue par Dieu.

L'Afrique actuellement voit nombreux de ses fils revenir, certains mêmes nés en Europe, Amérique et autres pays développés pour avoir la nationalité de leurs parents, car pour certains elle leur offrirait plus d'opportunités d'avenir que leur pays de naissance.

Ainsi, la question de la binationalité commence à se poser. Le concept qui du reste est déjà autorisé dans le domaine sportif qui permet à une personne, en dépit de son pays de naissance, de participer à des tournois internationaux pour le compte d'un autre pays, commence à faire son bout de chemin pour atteindre d'autres domaines.

On constate ainsi qu'en dépit de leur nationalité d'un pays du monde occidental, beaucoup des jeunes africains font le choix de porter notamment dans le football, le maillot des équipes africaines.

Certains le font seulement pour honorer leur origine, du moins celle de leur parent. Ils voyagent légalement avec deux passeports alors que certains pays dont ils détiennent les passeports, n'autorisent nullement la double nationalité.

Pour faciliter le retour à la maison des fils partis hier vers l'étranger, certains pays aujourd'hui pensent déjà déverrouiller cette loi sur la nationalité exclusive. A défaut de la changer, d'autres envisagent octroyer une résidence permanente à ses fils dénaturalisés afin de les aider à revenir plus souvent au pays et voir se réinstaller.

Ils sont conscients que des Jacob doivent rentrer à la maison, étant donné l'avenir de la nation dépend notamment d'eux. C'est ainsi qu'à la notion d'immigration est désormais associé celle de la ré-immigration : celle de l'immigration dans le sens inverse.

Plus tard, Jacob descendra en Égypte non pour y demeurer, mais pour voir son fils Joseph qui avait été élevé au rang de gouverneur d'Égypte. Là, Jacob y passa sa retraite avant de mourir et d'être enseveli au pays de Canaan auprès de ses pères. Dieu peut ainsi appeler une personne à vivre sédentairement de manière momentanée avant de l'emmener ailleurs.

Chapitre 8
CHAQUE CHOSE A SON TEMPS

La patience est un facteur important dans l'exercice de notre foi pour saisir les promesses de Dieu. Elle peut être décrite comme le support de foi. Qui dit patience, dit temps ! Ce dernier constitue un élément important dans la marche avec Dieu lorsqu'Il interagit avec les humains. C'est pourquoi le temps fut l'une des premières choses que Dieu a établies lors de la création en séparant le jour d'avec la nuit.

« Au commencement, Dieu créa les cieux et la terre … Dieu dit : que la lumière soit ! Et la lumière fut …et Dieu sépara la lumière d'avec les ténèbres. Dieu appela la lumière jour, et il appela les ténèbres nuit. Ainsi, il y eut un soir, et il y eut un matin : ce fut le premier jour. » Genèse 1 : 1-5

Toute chose sur la terre est faite dans le temps et pour un temps. Dieu ne fait et ne fera que dans ce cadre-là. La vie de l'homme n'en est pas en reste ; elle est limitée à un nombre d'années bien précis, alors que Dieu lui demeure éternel.

Tout ce que Dieu fait est dans le temps. Il ne fait rien en dehors du temps, ni avant ni après car *« Il fait toute chose bonne en son temps » Ecclésiaste 3 :11.*

A chaque promesse divine est attaché un temps pour son accomplissement. Voilà pourquoi *Habacuc 2 : 3* déclare : *« Car c'est une prophétie dont le temps est déjà fixé, elle marche vers son terme, et elle ne mentira pas ; si elle tarde, attends-la, car elle s'accomplira, elle s'accomplira certainement ».*

Abraham, en dépit du fait que son corps était usé, l'éloignant humainement de l'accomplissement de la promesse de Dieu, il a su garder la foi que d'un corps usé Dieu pouvait faire quelque chose, il vécut le miracle.

Isaac pour sa part a combattu la stérilité de sa femme dans la prière avec Dieu pendant vingt bonnes années. Il commença à prier alors qu'il avait que quarante ans *(Genèse 25 :20-21)* et la naissance de ses fils Ésaü et Jacob eut lieu lorsqu'il eut soixante ans *(Genèse 25 : 24-26)*.

La déclaration de Jacob « *Je ne te lâcherai pas que tu m'aies béni* » peut durer dix ans, vingt ans voire plus, c'est pourquoi « *Combat le bon combat de la foi* » (1 Timothée 6 :12) car la prière de persévérance, avec une foi patiente est le secret de l'acquisition des biens divins, de la matérialisation de la promesse de Dieu invisible en biens palpables.

Le but du temps

Le temps est un grand allié des hommes. Il permet à Dieu de travailler dans notre vie pour nous rendre prêt pour notre appel. Quelle que soit la semence que Dieu a placé en nous, il nous faudra du temps pour qu'elle germe, grandisse et soit prêt pour être vue et profitable par le monde.

Toute fécondation doit s'accorder le temps pour que la grossesse se développe afin qu'au bout de 9 mois, le bébé qui naitra soit viable. Toute personne doit s'accorder le temps de murir avant d'être confronter au public.

Le temps nous permet aussi de murir et d'être instruit afin d'être capable dans l'avenir d'assumer notre position avec responsabilité. Le fait que Dieu nous fasse des promesses de gloire, de renommée et de richesse, ne nous exempte pas d'être instruit.

Même si nous avons une destinée particulière et spéciale, nous ne devons pas oublier qu'il y a des gens qui nous ont précédés dans le domaine dans lequel Dieu nous appelle à percer, par conséquent nous devons être prêts à apprendre d'eux.

On n'apprend pas que de Dieu, on apprend aussi des hommes faits de chair et de sang, ayant des défauts et des insuffisances. Toute destinée commence par l'apprentissage, l'apprentissage même auprès des hommes qui n'auront pas forcément une destinée de gloire que la nôtre. Même Jésus a respecté cette loi de la nature.

Plus un homme accepte l'instruction et la formation, mieux il est positionné à aller loin dans la vie. L'instruction ici est vue comme toute forme de voie qui permet d'acquérir la connaissance, et cela de manière formelle comme une école ou université, et informelle comme l'apprentissage d'un métier auprès d'une personne comme apprenti.

Pendant ces moments d'attentes, la seule chose qui puisse nous garder debout quelles que soient les difficultés sera l'espoir, car il fait vivre. Sans espérance, l'abandon est certain. Voilà pourquoi Joseph, en dépit de ses malheurs répétés, continua à se battre avec l'espoir des jours meilleurs du secours divin.

« Mais souviens-toi de moi, quand tu seras heureux, et montre, je te prie, de la bonté à mon égard ; parle en ma faveur à Pharaon, et fais-moi sortir de cette maison. » Genèse 40 : 14

L'espérance est pour l'homme ce que l'ancre est au navire. L'ancre permet au navire de rester sur la côte sans chavirer, et ce, malgré le ballotement de la mer, frappée par le vent. Ainsi, l'espérance permet à l'homme de rester accrocher à la vie, à ne pas abandonner, à ne pas se suicider même lorsque tout semble être perdu (*Hébreux 6 :19*).

Il est important de rester positif et optimiste comptant sur le Seigneur, malgré les difficultés et continuer à agir, car nul ne sait ce qu'un jour peut enfanter. Des faibles commencements peuvent naitre des grandes gloires et les grandes gloires peuvent avoir des fins tragiques, tout dépend de la manière dont on vit, agit et travaille.

Chapitre 9

L'ACTION FAIT LA DIFFERENCE

« Or la foi est une ferme assurance des choses qu'on espère, une démonstration de celle qu'on ne voit pas. » Hébreux 11 : 1

Ce texte le plus exploité en matière de la foi nous montre clairement que la foi est constituée de deux parties liées et inséparables. La première qui est la conviction du cœur, ce à quoi on s'attend, ce que l'on souhaite voir et vivre dans sa vie, dans sa situation, dans son problème, souhait ou attente ayant pour base la Parole infaillible de Dieu.

La deuxième qui est en fait l'action concrète que l'on pose physiquement pour que ce à quoi on croit dans le cœur ne reste pas une illusion, mais soit vu, touché, vécu et expérimenté. Sans action, rien ne se produit, rien ne se passe, rien ne change.

« Car c'est en croyant du cœur qu'on parvient à la justice, et c'est en confessant de la bouche qu'on parvient au salut. » Romains 10 : 10

En ce qui concerne le Salut, l'action extérieure est exigée. Le salut vient par le fait qu'au-delà de croire dans le cœur, l'on pose un acte extérieur : la confession de la bouche. Bien souvent, les gens parlent d'eux même comme étant des hommes de foi, racontant ce qu'ils possèderont et toucheront. Avec des belles phrases, ils décrivent de ce que sera leur grandeur, leur nom, leur succès, mais beaucoup ne restent que sur des paroles et rien d'autre.

L'action, c'est ce qui différencie celui qui a la foi et celui qui ne l'a pas. Une foi qui ne pose pas d'actes, et qui ne se traduit pas en action est vaine et morte. Sans actes, il n'y a pas de foi, car la foi c'est l'action.

« Comme le corps sans âme est mort, de même la foi sans les œuvres est morte » Jacques 2 : 26

Sur sa parole, j'agirai

Cette action ne doit se faire que sur base de la parole de Dieu, de sa volonté et non sur base des échecs ou réussites du passé, encore moins de la réalité présente. Pierre dans *Luc 5 :5* vécut la pêche miraculeuse et dans *Matthieu 14 :26-29* il marcha sur l'eau bravant une mer agitée, seulement pour avoir obéi à l'instruction de Jésus-Christ. Il oublia ses connaissances et son expertise de professionnel de l'eau, mais agi en contradiction avec son expérience, et le miracle se produisit.

Dieu qui le créateur de toute chose peut nous conduire sur une autre voie autre que celle de nos prédécesseurs afin de nous emmener à des exploits d'une nature différente. Nous ne pourrons jamais étonner le monde, marquer l'histoire si nous n'agissons pas selon la parole révélée de Dieu.

Dans l'action en obéissance avec la voix du Seigneur, il est important de savoir que la facilité n'est pas toujours au rendez-vous. Dieu nous garantit le succès si nous agissons selon sa volonté, mais il ne nous rassure pas la facilité.

La facilité n'est pas toujours le signe que Dieu est dans une affaire autant les difficultés et les combats ne sont pas forcément des signes de l'absence de Dieu. On peut être dans la direction de Dieu, avec Dieu et rencontrer un vent violent et contraire qui s'oppose à nous.

La persévérance paie

La persévérance dans l'action malgré les difficultés et combats, est ce qui nous fera réussir. Isaac avec la promesse de prospérer au pays de Guerar, vécut d'énormes combats et difficultés lorsqu'il recreusait les puits. La persévérance fit que Dieu le mette au large avec le temps.

Même si cela n'est pas facile dans le présent, mais dans le temps, l'effort finit toujours par produire des résultats bien plus valeureux que celui de l'oisif.

Seuls ceux qui ne se laissent pas décourager et se battent jusqu'à la fin reçoivent la couronne de gloire. L'abandon de son espérance conduit inévitablement à l'arrêt de l'effort et par conséquent de la persévérance.

La persévérance est l'assiduité qu'on met dans l'exercice d'une action dans le but que l'on récolte demain un résultat satisfaisant et voulue.

« Nous désirons que chacun de vous montre le même zèle pour conserver jusqu'à la fin une pleine espérance, en sorte que vous ne vous relâchiez point… par la foi et la persévérance, héritent des promesses. » Hébreux 6 : 11-12

Il nous faut donc demeurer actif dans le sens de ce à quoi Dieu nous appelle quelles que soient les embûches de parcours sachant que nous serons récompenses puis que l'effort avec le temps finit par nous rendre forts et prospères.

CONCLUSION

La destinée prophétique est réelle et reste d'actualité. Aujourd'hui encore Dieu nous appelle à faire des exploits avec lui. Pour y arriver, il nous faut donc être conscient de notre appel.

Pour que les promesses de Dieu, qui sont avant tout spirituelles se matérialisent, tout homme appelé à connaitre le succès dans sa marche avec Dieu doit prendre au sérieux l'application des éléments démontrés dans ce livre.

La sagesse de Dieu, par le Saint-Esprit et le bon sens vous permettront de voir et d'apprécier la profondeur de notre parcours relaté ici afin que vous puissiez transposer ses réalités, selon le besoin, dans votre vie pour que vous aussi soyez connecté à votre destinée.

Dieu est fidèle, il vous mènera à destination, restez fidèle à lui, à sa parole ainsi qu'à ses principes et dès lors, vous verrez sa gloire se manifester dans votre vie comme le soleil à son midi.

Au-delà de la destinée terrestre, il y a la destinée céleste à laquelle Dieu nous appelle tous, sans laquelle la destinée terrestre n'a pas de sens, car sur terre nous préparons notre entrée dans sa gloire par l'avènement imminent de son fils Jésus-Christ.

DU MEME AUTEUR

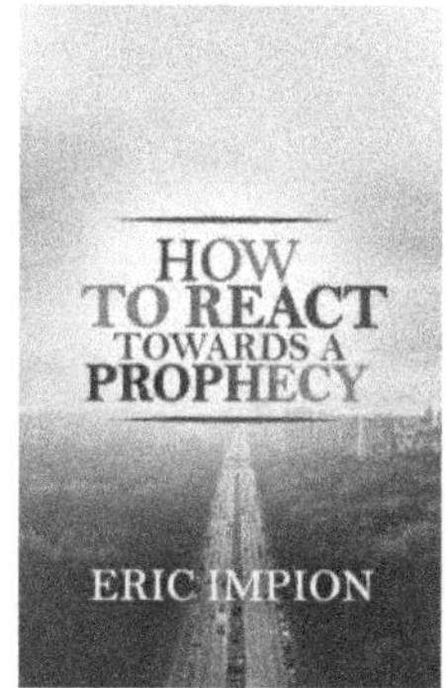